AF267792

UN ÉTRANGER

AUX

FRANÇOIS.

DE L'IMPRIMERIE DE D'HAUTEL,
rue de la Harpe. N°. 80.

UN ÉTRANGER

AUX

FRANÇOIS.

PARIS,

A LA LIBRAIRIE Grecque-Latine-Allemande,
rue des Fossés-Montmartre, N°. 14.

1814.

UN ÉTRANGER

AUX FRANÇOIS.

———

Deux choses essentielles au bonheur de l'homme, le climat et les principes du gouvernement, alors fort différens de ce qu'ils sont aujourd'hui, m'obligèrent à m'expatrier dans l'âge destiné aux récoltes de l'ambition. A quarante ans, je suis venu m'établir en France, parce qu'à toute époque de la vie où il ne s'agit plus que de finir doucement, c'est en France qu'il faut se fixer. Cette thèse trouveroit quelques contradicteurs, si je me laissois aller au plaisir de la soutenir. Je donnerois cependant à mes antagonistes des raisons qui paroîtroient aimables et de bon goût, et la justice seroit d'accord avec ma reconnoissance, pour les publier; mais paroître aimable aux yeux des François n'est pas le but que je me propose aujourd'hui : je ne suis pas assez content d'eux pour m'établir leur courtisan. Il suffira pour mon cœur de leur prouver à quel point je les aime, quel prix je mets à l'agrément de vivre parmi eux ; et c'est à lui que je confie le soin devenu si nécessaire de les quereller un peu.

Le règne de Buonaparte ne me parut d'abord qu'un spectacle nouveau, toujours fatiguant, mais toujours instructif. Je tâchai de me tenir assez près de la scène pour tout voir et tout entendre, et assez loin pour qu'une physionomie trop indiscrète ne me fît pas renvoyer de la salle ; et bien que cet homme tombé des nues pour gouverner le monde, ne me parût, dès le premier acte, qu'un ivrogne d'ambition, mon intérêt et ma curiosité se trouvèrent comme enchaînés par le singulier mélange d'inconstance et d'impassibilité d'une nation, qui servoit à la fois d'instrument à ses orgies politiques et de victime à des hécatombes de tous les momens. Au bout de cinq ans, la monotonie du monologue et des sacrifices lassa ma patience. De l'ennui au dégoût il n'y a qu'un pas ; le Talma du despotisme daigna s'apercevoir que pendant que la toile étoit levée mes mains restoient oisives, et mon impertinente nullité acquit à ses yeux une sorte d'importance. Nouveau Mardochée, je lui parus seul debout dans la poussière de Suze ; il crut que seul je refusois au nouvel Amman des respects qui n'appartiennent qu'à Assuérus ; mais je prévins l'exil ou la captivité par une retraite combinée avec sang-froid ; et comme il faut qu'en toutes choses les extrêmes se touchent toujours, je me vis passer sans transition, des nombreuses chaînes tendues sur la France esclave, dans le désordre de tous les liens rompus de la Suisse pervertie.

C'est du fond des vallées, à l'abri des Alpes majestueuses, que j'entendis tout-à-coup les promesses d'un salut universel, que j'entrevis les miracles destinés à prouver que Dieu descend encore sur la terre. Tout ce que peut l'homme aidé de la providence a été accompli de nos jours, et ce qui a été bien prouvé, Siècles et Rois, conservez-en la mémoire! c'est que l'homme, alors même qu'il est chargé de la foudre, n'est qu'un homme, qu'un instrument aveugle et fragile, et que ses desseins particuliers au milieu des décrets éternels de la constitution universelle, ne sont que néant. Pénétré pour ma part d'une reconnoissance profonde de tout ce que le ciel venoit d'accorder ou de rendre à ma chère France, je voulus en jouir, je voulus voir l'aurore d'une restauration inespérée, et savourer les prémices d'une si grande délivrance. Avec quel sentiment d'amour et de gratitude j'approchai de ce royaume, qui semble destiné à renfermer dans son sein tous les élémens d'un bonheur réel et d'une longue prospérité, et n'avoir été créé que pour servir de patrimoine à la richesse, au luxe, aux arts, à l'honneur, aux graces et aux plaisirs !

Je traversai lentement ces provinces involontairement dévastées, et déjà les germes indestructibles de leur fécondité naturelle recouvroient des plaies déjà cicatrisées. L'adolescence rassurée revenoit au milieu de guérêts foulés, prêter à l'agriculture des bras qui trop long-temps semblèrent perdus pour elle, et j'eus besoin de passer sur quelques ponts qu'on s'occupoit à rétablir, pour m'apercevoir que la guerre m'y avoit précédé. La joie causée par le retour du maître légitime, la certitude que la paix étoit revenue en France avec lui, l'espoir d'une félicité durable, et une touchante loquacité marchoient avec moi. J'éprouvois une émotion toujours croissante; à chaque pas je m'applau-

dissois d'avoir consacré la seconde partie de ma vie à cette France chérie de
Dieu.... Hélas! étoit-ce à Paris que je de-
vois être désenchanté!

Les amateurs de discussions, ceux que
dans les salons on appelle si plaisámment
les petits Faiseurs, s'attendent
peut-être à me voir emprunter de mon
attachement à leur patrie, le droit de
reprendre en sous-œuvre les grands objets de la Charte constitutionnelle, de
la liberté de la presse, du juste respect
exigé pour le culte, du commerce des
blés, des restitutions à faire aux nobles
émigrés, et du congrès de Vienne : à
Dieu ne plaise! je ne veux ennuyer personne, je veux aller à mon but par le
chemin le plus court ; et libre par ma
position de craintes et d'espérances vul-
gaires, je veux, en peu de mots, dire à
chacun des vérités, qu'il sauroit assez
sans moi, si l'ambition d'influer et de
briller, ne fût-ce même qu'en frondant,
n'empêchoit la plupart d'user de leur

bon sens, et d'écouter leur conscience; si arrêtés tout-à-coup dans le cours d'espérances exagérées, les uns ne tâchoient de réaliser, de prolonger du moins, leurs rêves indiscrets; si aigris par de longs malheurs et des souvenirs trop· chargés de couleurs, d'autres ne voyoient dans leur patrie qu'un héritage trop long-temps disputé.

Le Roi est arrivé! A cette nouvelle, tous les François ont tressailli, et quelques infortunés, accablés sous le poids inamovible du remords, ont seuls tremblé un moment; mais Louis XVIII, en quittant sa retraite, avoit résolu d'oublier qu'il est homme; il ne voulut reparoître qu'en roi; et saisissant d'une main sage le pouvoir qui lui appartenoit, il n'a songé à en partager les attributions, qu'après avoir prouvé qu'il savoit pardonner. Le jour même de son débarquement mit la France entière dans le secret des sentimens qui, pendant son exil, nous l'avoient fait voir si digne du trône, et dont quelques personnes recommandables par leur rang ou leurs sentimens, firent si long-temps aux François égarés, la stérile confidence. Le bon sens l'avoit surnommé *le Désiré*, bien avant qu'un juste enthousiasme proclama dans Paris un surnom si naturel ; et je dirai hautement, que si, les armes à la main, les défenseurs des droits des nations n'eussent laissé ce prince s'asseoir paisiblement sur le trône de ses pères, le bon sens auquel à la longue la sédition, la frivolité et la crainte céderont toujours ; le bon sens tout seul l'y eût replacé tôt ou tard. L'usurpateur, en s'abandonnant lui-même, donna à l'univers l'exemple de l'abandonner ; et l'univers, en cessant de le craindre, apprit à la France qu'il n'étoit redoutable que par la force qu'elle prêtera toujours à son maître. La mort de celui-ci auroit pu entrer dans les calculs ténébreux d'une poli-

tique vengeresse, ou, sans quelques souvenirs trop récens, dans les décrets d'un
Sénat de rois ; mais l'homme de tous les
pays et de toutes les classes en est arrivé à savoir, que la mort du mépris est
plus irrévocable, s'il se peut, que celle
du tombeau, et que les fantômes qui
cherchent à revenir de là , ne peuvent
épouvanter ni éblouir des gens d'honneur.

Une grande révolution destinée à
traduire l'Europe en république, et
dont le résultat le plus positif a été de
les détruire toutes ; une grande révolution cependant avoit changé les opi-
nions, les préjugés, les mœurs, les ha-
bitudes, et chacun se croyant échappé
par miracle à la tyrannie la plus ex-
quise et la plus avilissante, dont l'histoire fasse mention depuis le règne de
la famille d'Auguste, se croit, aujour-
d'hui, un droit quelconque d'influer
bien ou mal, peu ou beaucoup, sur

le sort de l'état ; droit qu'il est aussi beau de réclamer, lorsque c'est le cœur qui fait parler, que dangereux à écouter, lorsqu'on n'est pas très-convaincu de la pureté de ses vues ; droit, dont par une série de principes dont il seroit curieux de saisir le fil, chaque souverain, de proche en proche, cherche aujourd'hui à établir l'existence en faveur des sujets de ses voisins. Louis XVIII, dont l'esprit s'étoit perfectionné à l'école des malheurs, car il les éprouva tous ; ce Roi, fort de la légitimité de ses droits et de son retour en France, tout en repoussant d'une main, le traité ridicule qu'une ambition subalterne et agonisante osa lui faire présenter sur la plage, apportoit de l'autre, le projet d'une Charte, garante des destinées futures de l'empire. La noblesse la plus nouvelle, comme la plus ancienne ; les défenseurs de la France, de toutes les époques, et les députés du peuple, furent rassemblés autour de l'antique trône; et là, le père et les enfans, le monarque et les sujets se liant d'une chaîne commune, se promirent entr'eux et à eux-mêmes, d'être toujours François. Les nations rivales virent avec surprise ce grand et prompt accord et le bon Roi, plus fort de la confiance publique, que ne l'avoit été le terrible Empereur de la crainte qu'il inspiroit. Tel, qui à l'ombre de ses nombreux étendards, prodiguoit encore sa pitié aux lys défaillans, crut, les voyant refleurir sitôt, avoir trop hasardé en les rendant au sol natal; mais cette puissance supérieure, qui seule décide du sort des Rois et des nations, avoit béni le pacte restaurateur, et son soleil luit en ce moment sur l'ingrat qui se croit patriote et philosophe, comme sur le François qui s'honore d'être sujet et chrétien.

Ce n'est pas une inquiétude vague ou motivée, qui m'inspire en ce moment;

là où je vois de telles bases, de tels matériaux et un tel architecte, je ne me sens ni la foiblesse de craindre l'avenir, ni l'impertinence de le noircir par de vaines prophéties; mais je voudrois voir tous les cœurs aussi françois du moins que le mien, et dans l'intime et douce persuasion où je suis, que la plupart le sont plus qu'ils ne le pensent, je me sens poursuivi de l'audacieux besoin de raisonner tout haut avec moi-même. Que chacun de ceux qui m'entendront, charge sa conscience d'en prendre la part qui lui revient.

— Les François sont-ils heureux? — Ils le sont et le seront, s'ils savent l'être. — Mais le savent-ils? — Hélas! non. — Sur quoi peut-on appuyer une si défavorable opinion? — Sur les discours des uns, et les actions des autres. — L'habitude de l'agitation s'oppose seule, peut-être, au calme qui les rendroit heureux? — Le calme? ils n'en veulent pas. La suite naturelle de l'agitation, est la fatigue et le besoin du repos. La plupart des François d'aujourd'hui sont comme les hommes qui font mouvoir la grue, et qui ont fait mille lieues sans changer de place; ils devroient être éreintés, et, par suite des extrêmes bien connus du caractère national, l'insouciance et l'apathie leur seroient plus naturelles que le besoin de se mouvoir; mais ils ont respiré pendant quelques instans, et les voilà qui veulent que la grue recommence à tourner. — A quoi peut-on attribuer cette contradiction, à-la-fois morale et physique? Il seroit difficile, et doit paroître embarrassant d'en trouver la cause. — Je ne suis embarrassé que de la dire. — C'est à tort: comme il faut un degré d'intérêt bien sincère et bien soutenu, pour atteindre à de tels mystères, on n'a pas de reproche à se faire d'y être parvenu, et les dévoiler est une si grande preuve d'attachement, qu'elle n'est plus même une preuve de courage. — Soit. Je dirai donc que l'égoïsme qui est le caractère, le cachet du dix - neuvième siècle, a pris, dans la France agitée, et dans la France esclave, des racines plus profondes qu'ailleurs, et que s'alliant à la vanité, à la légèreté, à la frivolité, qu'il y trouva établies, il y est arrivé en riant aux plus déplorables résultats. Un seul instant l'honneur parla plus haut que lui, mais il est parvenu à s'associer l'honneur même. Dès-lors, les larmes et le sang, et les crimes qui les faisoient couler à grands flots, se sont rangés parmi les élémens d'une destinée ordinaire. La veuve, l'orphelin, l'indigent, ont cessé d'attendrir; l'agonie naturelle ou décrétée, la mutilation et le désespoir sont devenus des portraits de famille, et semblable au malade que vient d'achever la gangrêne, la fibre étant paralysée, tout François est mort en héros. Vivre pour soi, et puis mourir; telle a été la con-

dition générale. Vivre pour soi et triompher de tout, je dis de tout, tel a été
le but commun. Tout-à-coup la scène
a changé; Dieu a reparu sur l'autel,
et Bourbon sur le trône; la tempête
s'est calmée, les nuages se sont dissi-
pés, mais l'égoïsme est resté, et, bien
malheureusement pour la France, il
est resté tout nu. C'est lui aujour-
d'hui qui s'agite, qui demande de pom-
peux vêtemens, une place au conseil
et à l'armée, un rang à la cour, des
privilèges à l'autel, et le droit de
parler seul dans ces assemblées si favo-
rables à ses desseins, et dont lui seul
devroit être exclu. Les sentimens qu'il
annonce, la voix douce qu'il employe, la
modestie de ses réclamations, l'adresse
de ses étourderies, ne devroient trom-
per personne; mais tous sont occupés de
même, chacun ici ne voit que son intérêt, n'observe que ses rivaux, et s'é-
tonne s'indigne et se plaint d'en trouver.
Ce qui devroit les frapper tous, c'est qu'il

est presqu'impossible que deux François se regardent aujourd'hui, sans se croire devant une glace plus ou moins fidèle ; mais le procès des miroirs est fait depuis long-temps, et leur esprit imprudent et moqueur brisera dès demain celui que mon cœur leur présente aujourd'hui de si bonne foi. J'en appelle à tout François impartial, car un François impartial est un juge tellement éclairé que personne ne le récusera, et que je n'en veux pas d'autre ; j'en appelle à lui ; l'étranger à l'aspect du bonheur qu'on méprise ici, des chances qu'on dédaigne, peut-il rester le froid témoin, le confident impassible de l'indiscrétion générale ? — Tel qui rempliroit Paris de ses plaintes, s'il éprouvoit le moindre passe-droit, reçoit avec indifférence la grace qu'il demandoit avec importunité, et chargé par le roi de soutenir de son nom et de ses mérites l'éclat d'une dignité ou d'une décoration, affecte de la dédaigner du jour où il l'a obtenue.

Tel proclame d'une voix lamentable qu'il n'y a plus de noblesse en France, comme si quelqu'affranchissement du service public, ou quelques honneurs de paroisse constituoient seuls l'état du gentilhomme. Les souvenirs royaux seroient-ils moins chers que les honneurs du Louvre ? Ne voit-on plus de Rohans, de la Trimouille, de Montmorency autour des Bourbons ? Dans quel temps, dans quel pays l'association des familles nouvelles a-t-elle dégradé les anciennes ? Il y a vingt-cinq ans qu'on n'imaginoit pas de s'en plaindre. Ceux qui conquirent la noblesse par des hauts faits, seroient-ils trop peu dignes de ceux qui l'ont héritée ? Les fastes de la monarchie ne forment-ils pas un nobiliaire assez rassurant pour les plus délicats? et quelle époque fixeroit-on pour une fusion inévitable, s'il étoit possible que le gouvernement ne fît pas usage de celle-ci ?

Tel autre parle avec une sombre douleur de la charte constitutionelle,

et, rebelle à son roi par excès de fidé-
lité , pense que l'anéantir seroit le
chef-d'œuvre de là puissance royale et de
la prudence humaine. Il ne voit pas que
les plaies profondes de la révolution ne
peuvent être guéries que par les sacrifices
de la nation entière ; que c'est au malade
à fournir les remèdes que le médecin juge
nécessaires à sa guérison, et qu'il faut
qu'il en soit bien persuadé. Il ne voit
pas que la charte est la base la plus as-
surée de la puissance du roi, comme
elle est le garant le plus sûr de la prospérité de la nation, et qu'elle est le pal-
ladium de l'un comme de l'autre ; qu'un
intérêt égal les engage à la maintenir, et
que leur supposer gratuitement le desir
ou le projet de la frauder, est douter
insolemment de leur raison autant que
de leur bonne foi.

A quoi donc serviront ces compa-
raisons perpétuelles entre le présent
et le passé, qui ne se ressemblent nulle
part, et qui en France moins qu'ail-

leurs , ne sauroient avoir de ressemblance ? Que sont les souvenirs lorsqu'ils deviennent inutiles aux espérances ? Il n'est plus resté de la France ancienne que le sol, le climat, une partie de ses habitans et leur indéfinissable et désolante mobilité. Depuis trente ans le gouvernement, les lois, les usages, les principes, les mœurs, ont changé plus d'une fois, et l'on me forcera bientôt de croire, que le dévouement sans bornes qui distinguoit si fort les François, l'ancienne urbanité et cette fleur de politesse qui enchaînoient l'univers sous l'empire d'une langue qui leur servoit d'interprète, que les qualités aimables et ces manières charmantes qui faisoient l'orgueil de l'étranger parvenu à s'en saisir, ne sont plus que des exilés sans espoir de recouvrer leur domaine, et auxquels le roi et les princes, restreints par la charte, ne savent encore s'ils pourront donner un asyle dans leurs appartemens.

On dit tous les jours qu'il se trouve plusieurs partis en France. Les gazettes étrangères s'ingénient à le faire croire, et cela seul suffiroit pour les réunir ; mais ils n'existent pas , et quelques discoureurs infatigables et quelques parvenus déjoués ne méritent pas encore d'être punis par l'emploi d'une dénomination si odieuse et si ridiculement choisie. Il y aura long-temps encore force duels, mais point de guerre civile. Chacun détestera , quelqu'un se plaindra de quelque chose, c'est dans l'ordre des sociétés humaines ; mais tous aimeront bon gré malgré la France et le roi. L'esprit s'égare au galop , revient au pas , et l'envie d'en montrer ou d'en faire, comme on dit vulgairement, y contribue fort ; mais le cœur finit toujours par le ramener ; mais la belle France et le bon roi finiront par triompher de l'égoisme du siècle et des intérêts compliqués dont il s'est armé en France.

Déjà plusieurs fois, j'ai osé nommer le roi, mais je parlois de Dieu et de la France, et il est le lien destiné de toute éternité à les réunir. Je dois en parler encore, car un monarque légitime est la barrière naturelle, aux pieds de laquelle doivent se briser les traits de l'égoïsme. Que de preuves n'en fournirois-je pas, si les intentions pures qui m'ont fait prendre la plume, ne me défendoient jusqu'à l'ombre d'une personnalité. J'en citerai toutefois une, qui les vaudra toutes, c'est qu'à chaque opération du gouvernement, la plus ordinaire comme la plus importante, qu'il s'agisse de nommer un sous-lieutenant ou un maréchal de France, un maire ou un ministre, c'est toujours à l'autorité elle - même, que l'égoïsme adresse ses reproches. Ce fait par luimême est peu important, et n'a et ne peut avoir de conséquence; mais il n'en est pas moins digne, pour cela, d'attention, parce qu'il trahit un vice

national, que la réputation des François
exige impérieusement de faire dispa-
roître au plutôt. Publie-t-on une loi,
une simple ordonnance, ceux qu'elle
protège se taisent dans l'espoir d'en
obtenir une seconde plus favorable
encore; et les autres, plus prompts à
critiquer qu'habiles à raisonner, dé-
taillent, sans précaution comme sans
mesure, les raisons qu'ils ont de l'im-
prouver. Le roi accorde-t-il une grâce,
on voit au même instant un mouve-
ment général et pitoyable d'envie, et
les plus indifférens nomment aussitôt
quelqu'un qui leur en paroît plus digne
que celui qui l'a obtenue. Une pension,
je dirois presqu'un simple acte de cha-
rité, suffit pour jeter dans un égal
émoi et les suppôts du trône renversé,
et les soutiens du trône rétabli, et leur
faire recommencer le calcul inutile de
leurs chances diverses; que dis-je? dans
le même parti, car il faut se servir de
cette dénomination odieuse pour être

entendu par de certaines gens; dans le même parti, se déjouer est l'art du jour, se ridiculiser l'esprit de la conversation, se déchirer une justice consolatrice des injustices de la Cour. Dans ces discussions indécentes et fastidieuses, le roi est nommé à tout propos, et comme la révolution a placé l'irrévérence des objets les plus sacrés au nombre des vertus romaines d'un salon, et qu'il leur est impossible de préciser des fautes volontaires, il s'élève dans Paris à des heures marquées, de deux à cinq et de dix à une heure, un chorus pour accuser le roi de trop de bonté.

Oui, Sire, et que Votre Majesté permette à un étranger de le lui dire très-humblement. Vous êtes trop bon, beaucoup trop bon, et votre ame royale abuse de la faculté que le roi s'est réservée de faire grâce. Vous voulez être le père de vos sujets; mais, Sire, un père qui aime ses enfans comme vous le faites, contient l'étourdi, et châtie l'imprudent. Il est bien doux, peut - être, de gâter des François, et Votre Majesté trouveroit, à cet égard, quelque excuse à un peu de foiblesse ; mais le nombre et le genre de libertés gallicanes auxquelles aspirent vos enfans, exigent bon œil et bonne main de la part du père de famille, et l'esprit de Votre Majesté dont une étude approfondie de l'histoire a si fort aggrandi la sphère, lui indiquera où doit finir pour un monarque le pouvoir du cœur.

François ! c'étoit beaucoup de pouvoir espérer que le roi pardonnât : il a oublié, et l'on se plaint encore ! Falloit-il que, le glaive toujours levé et ne frappant jamais, ce monarque perpétuât la crainte établie par l'usurpateur jusqu'à l'époque assez éloignée encore, où s'achevera l'immense travail d'une restauration difficile, et à laquelle si peu d'entre vous veulent contribuer ? Mais, depuis un siècle, il est dans votre singulière destinée d'avoir des rois qui sacrifient leur

pouvoir et leur talent au besoin héré-
ditaire et inné qu'ont les Bourbons de
faire des heureux, de ne pas vous en
apercevoir, ou d'en abuser. Ah! vous
leur avez toujours montré ou trop ou
trop peu d'espérance, et le calcul rai-
sonnable du temps nécessaire à toutes
les entreprises humaines, n'est jamais
entré dans ceux de votre inquiète et
incertaine ambition. Les sept couleurs
de la nature ne suffisent pas aux ta-
bleaux fantastiques dont vous repaissez
votre brillante imagination, et prenant
toujours votre point de départ au de-là
du vrai et du possible, c'est en vain que
vous cherchez l'un de bonne foi, et
vous flattez d'atteindre à l'autre.

Je ne doute pas que les apôtres de
la liberté de la presse, voyant l'usage
que j'en fais, ne me supposent un pro-
tégé du gouvernement, plutôt qu'un
ami de la nation. Mon cœur suffiroit
pour me mettre au-dessus de toute sup-

position pareille. Je crois, cependant,
devoir répéter ici, que je suis étranger;
que fait, sous tous les rapports, pour
paroître à la cour, je n'ai pas encore
demandé l'honneur d'y être présenté;
que depuis mon retour, son absence m'a
privé de voir le seul des ministres du
Roi, avec lequel j'aie quelque liaison,
et que je ne connois guères les autres,
que de nom; que la seule des graces,
enfin, dont un souverain puisse hono-
rer un étranger de ma sorte, ne peut
m'être offerte ici, pour cause de religion. C'est donc bien par attachement
à la France, par le desir vif et sincère
que j'ai de la voir heureuse, que je me
suis laissé entraîner à publier des opi-
nions, dont le seul mérite, est l'impar-
tialité. François! daignez m'en croire;
jouissez avec reconnoissance et sécu-
rité, des miracles opérés en votre faveur. Que l'affreuse leçon du passé et
vos cicatrices vous garantissent d'un
avenir pareil. Donnez au gouverne-

ment le temps physique de concevoir et de réédifier ; aux ministres de se reconnoître et de se concerter , ainsi qu'il est si nécessaire dans tout gouvernement représentatif; et n'obligez pas, par d'habituelles indiscrétions, le meilleur des princes à vous prouver, que sa bonté n'est que de la bonté. Songez que depuis le premier jusqu'au dernier , tous les François viennent d'entrer à une nouvelle école , et que vouloir y débuter par une perfection impossible , seroit trahir ce qui manqueroit pour y parvenir un jour. N'accordez point à l'Europe jalouse, le droit de penser que vous ne savez ce que vous voulez, ni celui de vous accuser de donner toujours aux nations de mauvais exemples. Moi qui ai le bonheur de vous mieux connoître , je sais tout ce qu'il y a de grand, de bon, de noble en vous, et je me plais à publier qu'il faut vous estimer, autant que je vous aime, mais ceux qui ne vous con-

noissent pas aussi bien, c'est-à-dire, les
neuf dixièmes du monde, ne vous ju-
geront que sur vos œuvres. Ne risquez
pas que le siècle et la postérité vous mé-
connoissent; et que l'histoire dise qu'il
exista une époque, où, pour vous
seuls, le ciel fut sans miracle, le prince
sans vertus, la religion sans effet, la
morale sans pouvoir, et l'expérience
sans fruits, et qu'au sortir du creuset
d'une révolution désastreuse, il ne
vous étoit resté de caractéristique, que
les pâles couleurs de l'égoïsme indivi-
duel.

www.ingramcontent.com/pod-product-compliance
Lightning Source LLC
Chambersburg PA
CBHW050803070726
47595CB00015B/2423